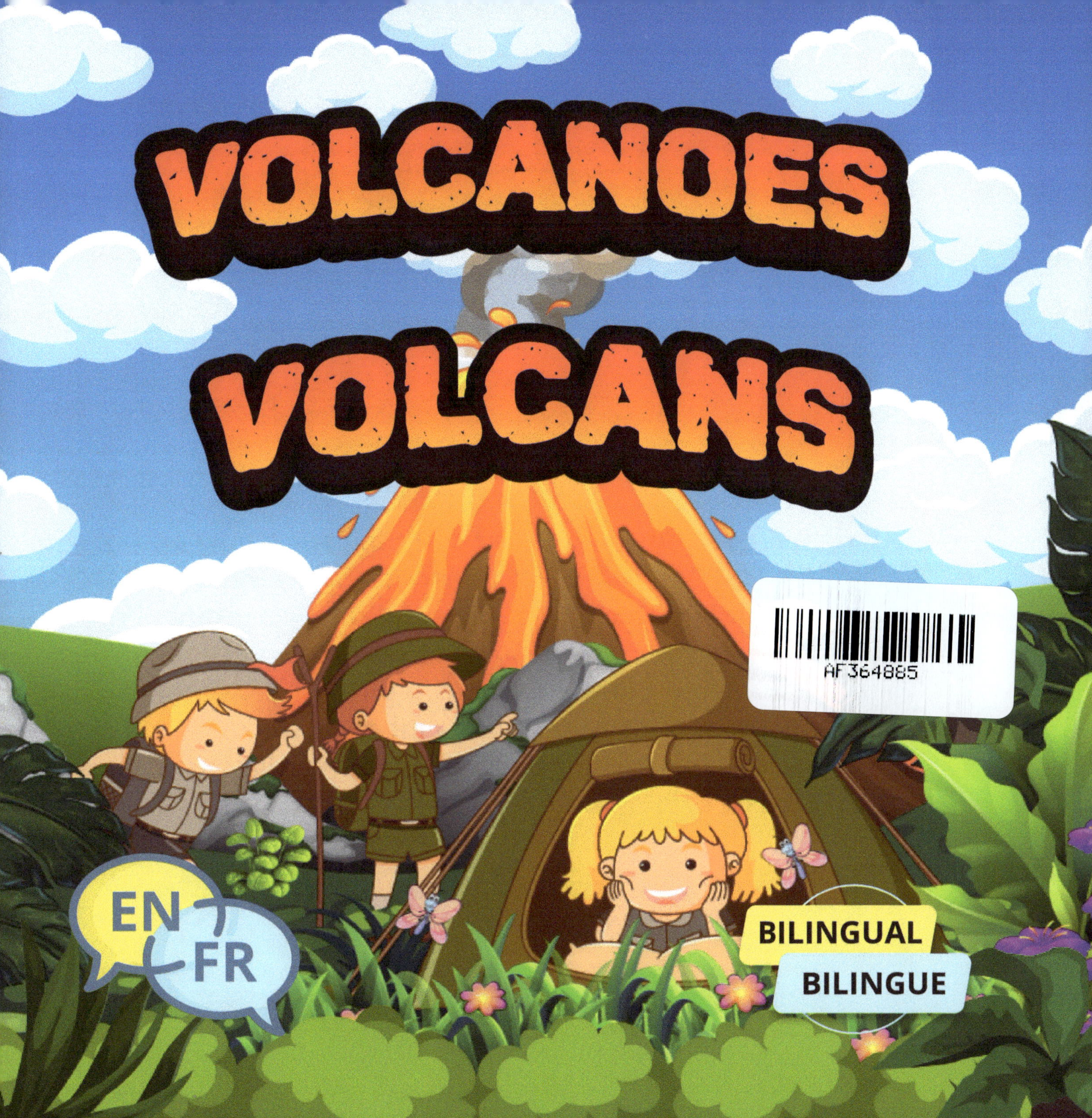
VOLCANOES
VOLCANS
EN
FR
BILINGUAL
BILINGUE
AF364885

Samuel John
BOOKS

Let's start!
C'est parti !

The word "volcano" comes from Vulcan, the Roman god of fire.

————————

Le mot "volcan" fait référence à Vulcain, le dieu romain du feu.

A volcano is an opening in the earth's crust through which magma is released.

Un volcan est une ouverture dans la croûte terrestre par laquelle le magma est libéré.

 **What is magma?**

Is defined as molten rock found below the earth's surface.

Lava is magma that reaches the surface.

👉 **Qu'est-ce que le magma ?**

C'est une roche fondue qui se trouve à l'intérieur de la Terre.

Lorsque le magma sort à la surface, on l'appelle lave.

Volcanoes erupt due to increased pressure as magma heats up, spewing molten rock and gases into the air.

Les volcans entrent en éruption en raison de l'augmentation de la pression due à l'échauffement du magma. Les gaz et les roches chaudes sont expulsés vers l'extérieur.

Its conical shape is due to the accumulation of magma expelled in previous eruptions.

Sa forme conique est due à l'accumulation de magma expulsé lors des éruptions précédentes.

In addition to magma, volcanoes also expel rocks, gases, and ash.

En plus du magma, les volcans expulsent également des roches, des gaz et des cendres.

Some volcanoes are at the bottom of the sea. They are found in the form of large cracks underwater.

Certains volcans se trouvent au fond de la mer. On les trouve sous la forme de grandes fissures sous l'eau.

When volcanic eruptions happen at the bottom of the ocean, the accumulated lava may form volcanic islands.

Lorsque des éruptions volcaniques se produisent au fond de l'océan, les laves accumulées peuvent former des îles volcaniques

Volcanoes can be very destructive. Ash and lava can destroy large tracts of forested areas, villages, etc.

Les volcans peuvent être très destructeurs, à cause des roches, des cendres, des laves et des gaz qu'ils expulsent.

There are 1,500 potentially active volcanoes on our planet.

Il y a environ 1500 volcans potentiellement actifs sur notre planète.

The largest active volcano in the world is Hawaii's Mauna Loa.

Le plus grand volcan de notre planète s'appelle Mauna Loa et se trouve à Hawaï.

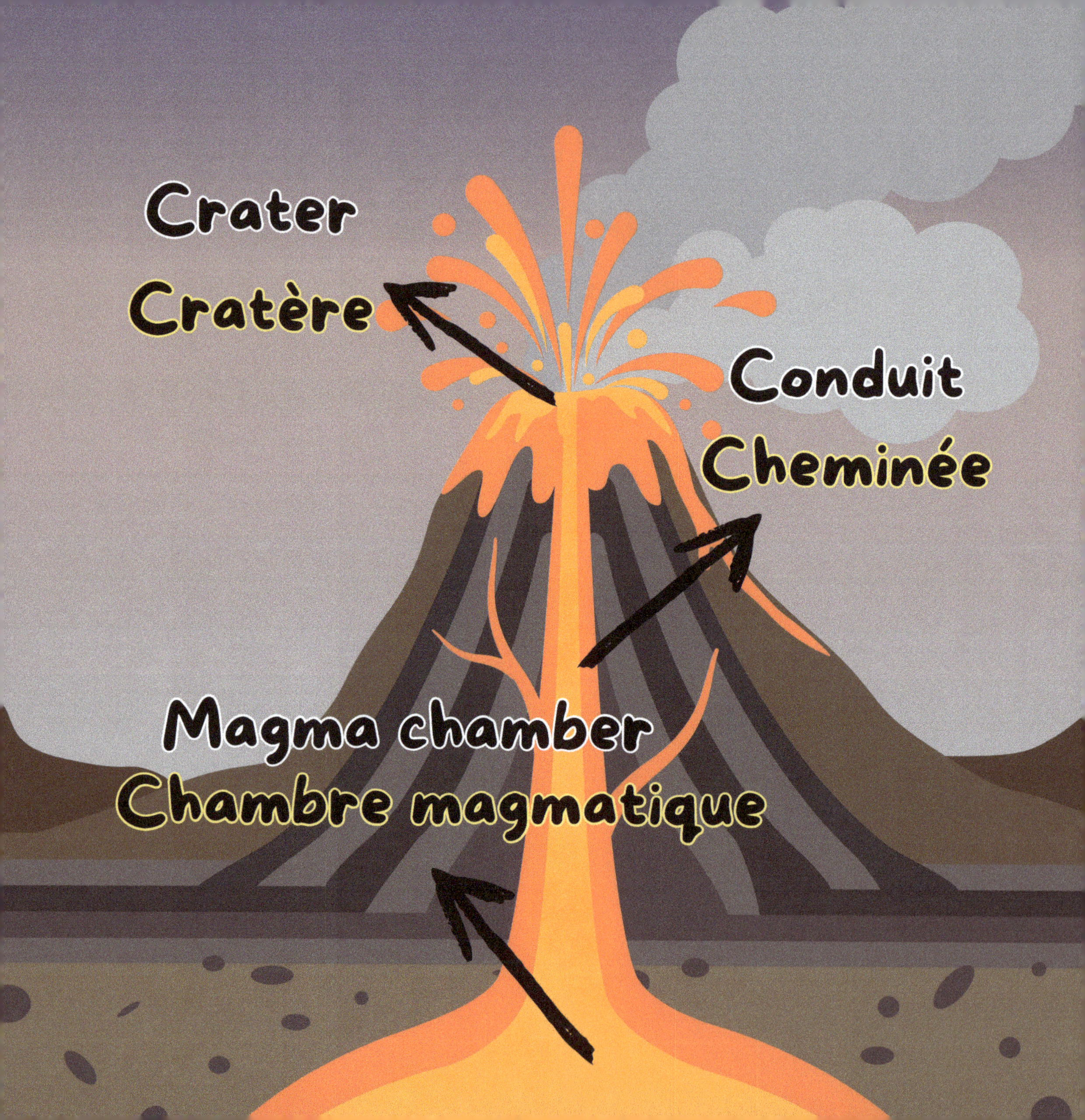

Crater
Cratère
Conduit
Cheminée
Magma chamber
Chambre magmatique

Parts of a Volcano / Parties du volcan :

Magma chamber: This is the area beneath a volcano where magma collects before an eruption.

Crater: The hole through which lava, ash, and gases come out.

Conduit: Is the part that ejects lava and volcanic ash.

Chambre magmatique: Où le magma est stocké avant d'être expulsé.

Cratère: Trou par lequel sortent les laves, les cendres et les gaz.

Cheminée: Il relie la chambre magmatique au cratère. C'est là où le magma est expulsé.

And here it ends! I hope you liked it and learned new things.

I want to ask you a favor so that this book reaches more people, and that is that you rate it with a sincere opinion on the platform where you purchased it.

With that small gesture, you will be helping me to carry on with new projects.

I can't wait to start creating
my next book for you!

See you soon!

Et là, ça se termine ! J'espère que vous l'avez aimé et appris de nouvelles choses.

Je tiens à vous demander une petite faveur pour que ce livre puisse toucher un plus grand nombre de personnes : attribuez-lui un avis sincère sur la plateforme où vous l'avez acheté.

Avec ce petit geste, vous m'aiderez à réaliser de nouveaux projets.

J'ai hâte de commencer à créer mon prochain livre pour vous !

À bientôt !

GET READY TO BLOW YOUR CHILD'S MIND WITH INCREDIBLE FACTS ABOUT THE SOLAR SYSTEM!

PRÉPAREZ-VOUS À ÉPATER VOTRE ENFANT AVEC DES FAITS INCROYABLES SUR LE SYSTÈME SOLAIRE !

SCAN ME

www.azonlinks.com/8412776615

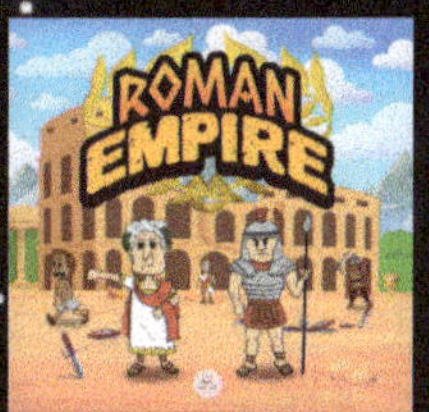

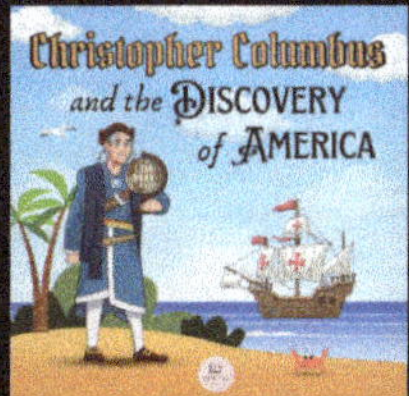

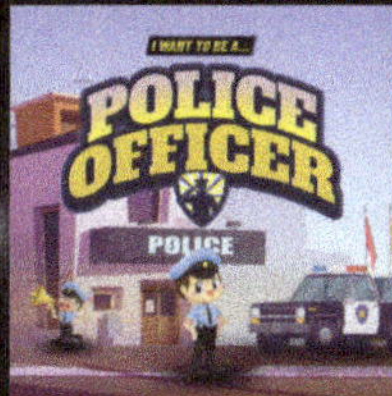

LEARN WITH OUR
EDUCATIONAL CHILDREN'S BOOKS

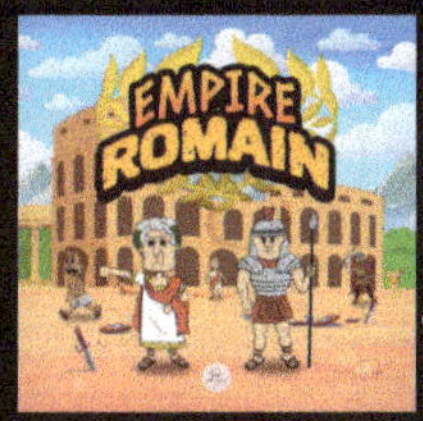

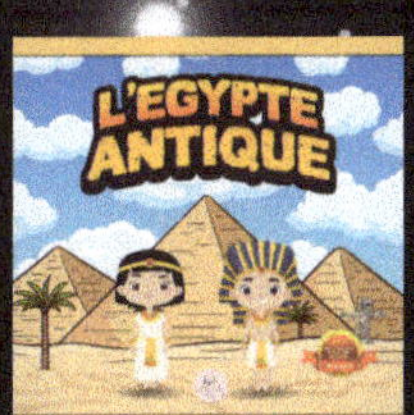

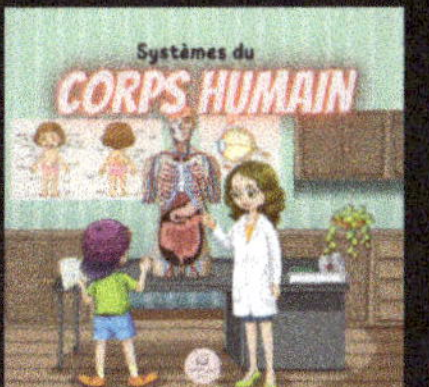

APPRENEZ AVEC NOS
LIVRES EDUCATIFS POUR ENFANTS

Subscribe to my newsletter and stay informed of new publications, offers and free book promotions.

www.subscribepage.io/ebookfree

FOLLOW ME

www.amazon.com/author/samueljohnbooks